Mae'r llyfr
DREF WEN
hwn yn perthyn i:

Cyhoeddwyd gyntaf yn Saesneg 2007
gan Orchard books, argraffnod o Hachette Children's Books,
338 Euston Road, Llundain NW! 3BH
dan y teitl *Perky Little Penguins.*
Cyhoeddwyd yn Gymraeg 2007 gan Wasg y Dref Wen Cyf.
28 Ffordd yr Eglwys, Yr Eglwys Newydd,
Caerdydd CF14 2EA
Ffôn 029 20617860.

Argraffwyd yn China.

Pengwiniaid sionc a bywiog

Tony Mitton   Guy Parker-Rees

Trosiad gan Gwynne Williams

DREF WEN

Pengwiniaid sionc a bywiog

yn gweiddi "Hip-Hwrê!"

Yn mynd i gwrdd â'u ffrindiau

a chwarae hyd y lle!

Pengwiniaid sionc a bywiog,

un ar ôl y llall,

yn sglefrio a chwibanu

heb fod yn hanner call!

Pengwiniaid sionc a bywiog
yn hoffi amser da,

yn chwarae'n llon a wadlan
trwy'r eira mawr a'r iâ.

Pengwiniaid sionc a bywiog
yn dringo'u sglefren slic.
"Wi-hi!" fe wichion wedyn.
"Wel dyma beth yw tric!"

Pengwiniaid sionc a bywiog
yn hoffi amser da,
yn sglefrio ac yn llithro
trwy'r eira mawr a'r iâ.

Pengwiniaid sionc a bywiog
yn rhoddi hwb a naid,
yn dawnsio nerth eu coesau
a gwichian yn ddi-baid.

Pengwiniaid sionc a llwglyd
bron llwgu eisiau bwyd –

yn mynd i ddal eu cinio
heb wialen a heb rwyd!

Pengwiniaid sionc a bywiog
yn hoffi amser da –
dyma'r ffordd i nôl eich bwyd
trwy'r eira mawr a'r iâ.

Pengwiniaid sionc a barus
yn llamu'n llon i'r lli,
yn sblisian ac yn sblasian,
"Wel, dyma'r lle i ni!"

Maen nhw'n nofio
ac yn plymio
dan y tonnau glân.

Maen nhw'n dowcio
ac yn llowcio –
llowcio'r pysgod mân.

Pengwiniaid sionc a bywiog
yn hoffi amser da –
dyma'r ffordd i lowcio'ch bwyd
pan fydd y dŵr fel iâ.

Ond beth sydd yma, tybed,
yn edrych O! mor brudd?
Morlo bychan blewog
â deigryn ar ei rudd!

"Pam wyt ti'n crio, pwtyn,
a gefest *ti* ryw gam?
Yr wyt ti'n crynu'n ofnus –
a gollest ti dy fam?"

"Fe welodd haig o bysgod a nofiodd ar eu hôl,
a dydw i ddim yn meddwl y bydd hi'n dod yn ôl!"

"Paid ti â phoeni, cariad!
Daw Mam yn ôl 'mhen dim!

Tyrd draw i'n gweld ni'n chwarae
a dawnsio'n llon a chwim."

Maen nhw'n ailddechrau eto,
rhoi hwb a naid a cham

i wneud y morlo'n hapus
wrth aros am ei fam.

Maen nhw'n jigio, maen nhw'n dawnsio,
maen nhw'n bownsio ar un droed,

A thoc, mae'r morlo'n gwenu
mor llawen ag erioed!

Pengwiniaid sionc a bywiog
sy'n hoffi amser da,
yn **cloncan** ac yn **potsian**
trwy'r eira mawr a'r iâ.

Help! Beth sy yn y tonnau,
yn rhuthro'n nes gerllaw?
Mae'n edrych mor fygythiol
a phawb i gyd mewn braw!

Mae'n saethu tuag atynt
Gan roddi naid a llam …

Mae'r morlo bach yn gweiddi,
"Edrychwch, dyma Mam!"

Mae'i fam yn gwenu arno,
"Dwi wedi dod i'th nôl.
Ond diolch i dy ffrindiau
am edrych ar dy ôl!"

Mae'r ddau yn nofio adre
yn ara ar eu cefn,
ac mae'r pengwiniaid cysglyd
yn troi yn ôl drachefn.

Pengwiniaid sionc a bywiog
nawr wedi blino'n llwyr,
yn wadlan tuag adre –
mae wedi mynd yn hwyr.

Pob un am ddweud ei stori
am ddiwrnod llawn o sbri,
am chwarae yn yr eira
a nofio yn y lli.

Pengwiniaid sionc a bywiog
yn ddistaw erbyn hyn,
yn mynd i gysgu'n gynnes
trwy wasgu'n dynn, dynn, dynn!